建築ガイダンス

初めて建築を学ぶ人のために

JN035612

市ヶ谷出版社

担当一覧

大野隆司	監修	建築を学ぼうとする人たちへ
永井孝保	執筆	1，2，5-1-1，6，7
鈴木信弘	執筆	3
宮下真一	執筆	4，5-2
西出和彦	執筆	5-1-2
倉渕　隆	執筆	5-3-1
大塚雅之	執筆	5-3-2
角田　誠	執筆	5-4

CONTENTS

目　次

建築を学ぼうとする人たちへ

　建築には芸術から工学まで大変幅広い分野の知識・素養が必要で，学ぶ範囲も多岐にわたっています。本書は，これから建築を学ぼうとする人のために，学校のカリキュラムと建築の仕事・実務とが，どのように関係しているかを示すガイドブックです。

　学ぶ範囲が広いだけに，期待される業種の範囲も様々です。将来どういう仕事・実務を目指すのか，そのためにはどのような勉強が重要なのか，そうしたことを示す「ガイドブック」でもあります。

　カリキュラムのうち，取り上げている科目名は，多くの学校で使用されている一般的な名称にしています。また，科目内容の詳細を示す項目名は，別途に示す，市ヶ谷出版社発行の教材の目次を使っています。

　勉強を進める中で，「この科目が何故必要なのか」，「この知識は何の役に立つのか」，とわからなくなる場合が出てきます。そうした折にも，このガイドブックを開いて欲しいと思います。学ぶ意義を確認しながら勉強することで，その内容はより一層，身に付くものと思います。

　このガイドブック，小冊子ながら，今後，さらに充実したものにしたいと考えております。採り入れて欲しい内容などがありましたら，是非，お寄せ下さい。

根津美術館　設計：隈　研吾　(C)藤塚光政

1. 建築を学ぶには

1-1 建築で必要とされる知識・技術

　　建築の仕事をする場合には，様々な知識や技術が必要となり，それらを学ぶためには，体系化された科目の学習が必要となります。下記の表は建築を学ぶ上で必要な知識・技術とそれに対応する建築の科目と教材を表しています。

[建築のための知識・能力]

建築計画
（計画・造形・色彩・人間工学）

建築史
（日本・西洋・近代）

建築法規

建築製図

[建築の基礎的な知識]

建築構造

建築構造力学・計算

建築構法（建築一般構造）

建築材料

建築環境工学

建築設備

[施工のための知識]

建築施工

建築生産

建築積算

1-2　建築を学ぶには

　建築物をつくるには，関連するさまざまな知識や技術を統合化されたかたちで発揮されなければならないため，幅広い知識・能力が必要となります。前ページに掲げた科目は，ひとつひとつは専門的で奥が深く，限られた時間の中では完全に理解し，習得することは困難です。そのために習得すべき知識や技術の重要度を把握することが必要です。

　しかし，学校で学ぶことは全体的に幅広く基礎的なことが多いので，どれもおろそかにしてはなりませんが，むしろ興味を抱いた分野について，より深く追求することが大切です。

　まず，建物を見に行きましょう。

　そして，展覧会・講演会・オープンデスク・本（雑誌，専門書）などを通じ，多くのものを見たり，経験したり，この世界で活躍する人の話を聞いたりして，積極的に学ぶことが大切です。

隈 研吾のスケッチ（根津美術館）

2. 家をつくるプロセスからわかる建築の学問

　建築の世界では「住宅に始まり，住宅に終わる」と言われます。建築の中でも住宅は建築の基本的なことが網羅され，きわめようとすればなかなか難しいということです。

　ここではこの「家づくり（住宅の建築）」を通して，設計から施工（工事）のプロセスを見ながら，学校などで学ぶ勉強（科目）が，どんなところで役立ち，また意味があるのかを探っていきます。

2-1　家づくりのはじめ

　家づくりを始めるきっかけは様々です。現在の住まいが古くなったり，結婚や子供が生まれるなど家族構成の変化，あるいは転勤や結婚などで住む場所を変更などさまざまな要因から新たな住まいづくりが始まります。

　家づくりがスタートしたら，大まかに土地の大きさから，建築ができる広さや必要な費用を想定し，資金繰りをします。

　費用の出る方法がつきそうなら，**設計**や**施工**（工事）を，誰に，あるいは，どこに頼むかを決めます。

家づくり

安全

工務店は
どこに？

資金繰り
どうする？

設計者は
誰に？

＊建築の工事のことを**施工**
（せこう）といいます。また，
工事を行う会社を**施工会社**
といいます。

＊建築の発注のしかたには，
設計と施工をひとつの会社
で行う場合と，設計と施工
を別々の会社で行う場合が
あります。

2-2 家づくりの設計から工事まで

A 基本設計〈家の間取りやデザインを決める〉

　　基本設計とは，設計作業のうち，依頼者と設計者との間でコミュニケーションをとるためのもので，建物の基本的な方向性を決める設計をいいます。

　　基本設計を行うのには，おもに建築計画の知識が必要ですが，このあとの実施設計をスムーズに進めるためには，構造・設備・施工・法規・環境など幅広い知識が必要となります。

① 与条件の把握（住み手からの要望・法規制の調査）

　　間取りを考える前に，その場所に適用される法規制（集団規定）や住み手の条件や要望を調べたり，聞いたりしなければなりません。これが分からないと，建物の大きさ（広さと高さ）や部屋の数や収納など設定ができません。

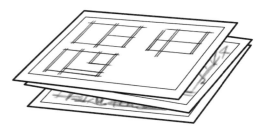

　法規制や家族の情報とともに予算も考えながら，間取りを考えます。アイデア段階では，フリーハンドの**エスキース**を行い，ある程度アイデアがまとまったら，図面を描きます。

　図面ができたら，施主に説明し，内容の確認，さらに要望を聞き取り，計画を練り直し，満足できるものにまとめていきます。

ここで必要な知識

建築計画：
　居住施設の計画
環境工学：
　日照・日射，
　都市環境

建築製図：
　エスキースの方法，
　製図の基本，
　平面図の描き方，
　CAD操作

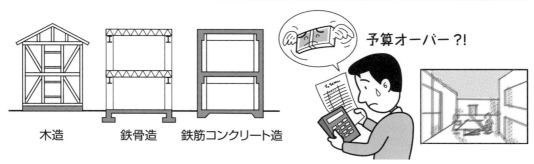

木造　　　　鉄骨造　　　鉄筋コンクリート造

予算オーバー?!

　大まかに，平面計画がまとまったら，予算を念頭に置きながら，構造や設備，さらには内外観の形や材料・色など総合的に検討を加えます。

ここで必要な知識

建築計画：
　造形，色彩
建築構造：
　構造計画の基本
建築材料：
　木材，内外装の種類

環境工学：
　色彩環境
建築設備：
　建築設備の種類，
　給排水方式の種類

④ 基本設計のまとめ・確認

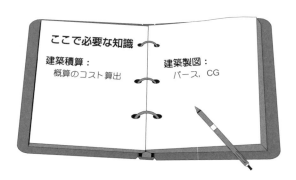

　総合的な検討を経て，平面計画に修正を加え，外観のデザインがわかるように模型やパース・CGをつくり，計画内容を施主に確認します。ここまでの作業は納得のいくまで繰り返されます。

B　実施設計

　実施設計では，おもに工事を行うのに必要な詳しい図面を作成したり，法律上の手続きを行うのに必要な図面の作成を行います。

　実施設計を行うのには，製図・CADの技術をはじめ，構造，設備，施工など基本設計に比べより深い知識が必要になります。

⑤ 基本設計から実施設計への引き継ぎ

　建築関連の法規については，基本設計の段階でも検討しますが，ここではより具体的に詳しく検討します。また，室内環境についても，明るさ，暑さ・寒さなど快適に過ごせるか，開口部の仕様や断熱性能などを検討します。

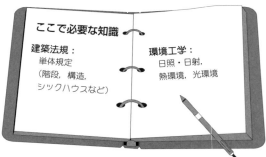

　基本設計で行った構造や設備の検討を
より具体的に計算などを行い，部材や機
器などの配置を決めていきます。

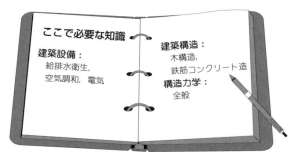

ここで必要な知識

建築設備：
　給排水衛生,
　空気調和，電気

建築構造：
　木構造,
　鉄筋コンクリート造
構造力学：
　全般

いよいよ
ですね！

実施図が
出来ました！

役所

建築確認申請図書
です

　細部の検討が行われ，工事が進められ
る図面として設計図をまとめ，依頼主に
確認をします。この段階，あるいはもう
少し前の段階で，法的な手続き（確認申
請）を行政・確認検査機関に提出しま
す。

ここで必要な知識

建築法規：
　制度規定（手続き）

C　施工者（工事会社）の選定

設計が終わったら，工事を請け負う施工者を決めます。

⑧　積算と見積りから契約

実施設計図は施工者（あるいは施工候補者）に渡り，設計図に基づいた**積算**が行われます。**見積り書**の提示があったらそれを検討し，施工者が決定されます。

＊施工者の選定の方法には，最初から特定の会社に指名する方式，いくつかの候補を選びその中から，「入札」や「相見積り」と呼ばれる見積り金額で決める方式があります。

施主・設計者・施工者の関係

　工事における**施主**（建築の依頼主），**設計者**，**施工者**（工事会社）の三者の中で設計者の立場は，施主と施工者の間に入り，施主の代理者として両者の橋渡しをするものです。

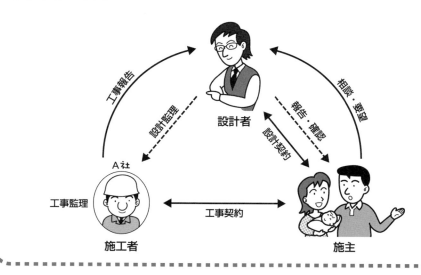

10

D　施工〈図面に基づいて工事を行う〉

設計図ができ，施工者が決まったら工事が開始されます。

⑨　準備

　工事に先立ち，祭典が催され，様々な準備が行われます。着工時の祭典には，**地鎮祭**あるいは起工式と呼ばれるものがありますが，住宅では，工事中の安全を祈って地鎮祭が行われます。

　準備としては，**工程表**を作成したり，現場事務所，仮設トイレなどの設置が行われます。敷地内に既存建物がある場合には，取り壊し（解体）が行われます。

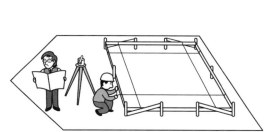

ここで必要な知識

建築施工：
　建築工事の
　準備と祭典，
　　　　　　　仮設工事

⑩　躯体工事（骨組み）

もっと右！

次は
土台ひきだ

　準備が整ったら，地面に近いところ（あるいは地中）から工事を始めます。工事の手順は，①**躯体**，②外部の建具および仕上げ，③内部の仕上げおよび建具，④設備機器の取り付けと進みます。躯体は，地面に近い基礎から始まり，上部の構造体へと進みます。

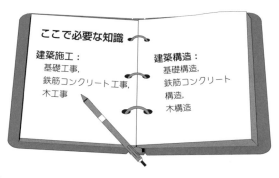

ここで必要な知識

建築施工：
　基礎工事，
　鉄筋コンクリート工事，
　木工事

建築構造：
　基礎構造，
　鉄筋コンクリート
　構造，
　木構造

　仕上げてからでは，工事ができない電気の配線や給排水などの配管工事を行います。

　建物の下を通る配管などは，基礎工事を行う前に行います。

ここで必要な知識

建築設備：
　給排水衛生設備
　電気設備

建築施工：
　設備工事

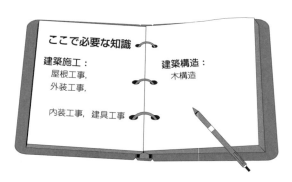

　躯体（骨組み）が出来上がったら，屋根をふき，外部の建具を取り付け，内装，内部の建具へと進みます。基本的には，内部の工事をするのに雨が入っては困りますから，外部の工事が先になります。

ここで必要な知識

建築施工：
　屋根工事，
　外装工事，

　内装工事，建具工事

建築構造：
　木構造

⑬　設備工事（機器の取り付け）・外構工事

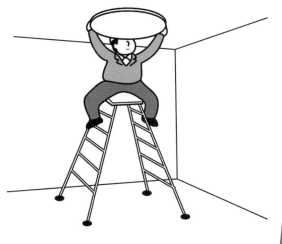

　内外装や建具が取り付いたら，トイレなどの衛生器具や照明器具などを取り付けます。建物本体が終わったら，外部の庭や駐車スペースなどを工事し，完成させます。

ここで必要な知識

建築施工：
　設備工事，
　外構工事

建築設備：
　給排水衛生設備，
　換気設備，
　空気調和設備
　電気設備

⑭　検査と引き渡し

役所の検査も無事に終わりました。

　建物が完成したら，法規に従い完了検査を行政庁により行います。検査が済んだら，施工者より施主に建物が引き渡されます。

ここで必要な知識

建築施工：
　検査
　引き渡し

建築法規：
　制度規定
　（手続き：完了検査）

3．さまざまな構法

3-1　家づくりの構法

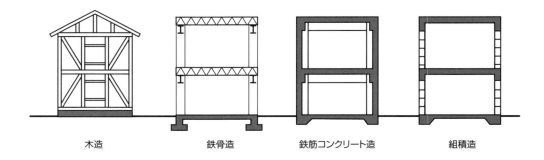

木造　　　　　　　鉄骨造　　　　　鉄筋コンクリート造　　　　組積造

① 木 造　　　　　　　　（伝統工法，在来工法，２×４工法，ログハウス　.etc）
② 鉄骨造　　　　　　　　（重量鉄骨，軽量鉄骨）
③ 鉄筋コンクリート造　　（RC 造，プレキャストコンクリート造）
④ 組積造　　　　　　　　（型枠 CB 造，補強 CB 造）

　住宅の構法は大多数が**木造**ですが，その他にもさまざまな構法があります。木造以外の構造では耐久性が高く，振動に強い「**鉄筋コンクリート造**」や工場から運んできて組み立てが可能な「**鉄骨造**」などがあります。

　設計者は必要とされる建物の目的と性能，そして空間にあわせて構造形式を選択します。これら木造以外の構造形式を用いる場合，安全性を確かめるための計算を行い構造計算書としてまとめます。

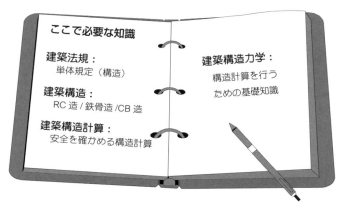

ここで必要な知識

建築法規：
　単体規定（構造）

建築構造：
　RC 造／鉄骨造／CB 造

建築構造計算：
　安全を確かめる構造計算

建築構造力学：
　構造計算を行う
　ための基礎知識

3-2　さまざまな建物

① 　公共・文化系　　（学校　図書館　病院　老人ホーム　体育館.etc）
② 　商業・興行系　　（店舗〈物販・飲食〉展示　宿泊施設　劇場.etc）
③ 　工業・生産系　　（工場　処理施設　倉庫　物流施設.etc）

　　建築に携わるには住宅以外の建物についても計画の要点について知らなければなりません。住宅以外の建物は発注者である依頼主が企業・法人や都道府県・市町村などの役所となる場合がほとんどです。不特定多数の人が使う建物は，誰にでも使いやすく，高い安全性と耐久性が求められます。そのため建築計画の基本事項や建築法規について十分に理解しなければなりません。

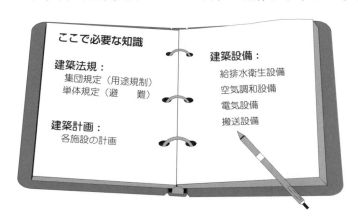

ここで必要な知識

建築法規：
　集団規定（用途規制）
　単体規定（避　　難）

建築計画：
　各施設の計画

建築設備：
　給排水衛生設備
　空気調和設備
　電気設備
　搬送設備

3-3　地球環境と建築の省エネルギー

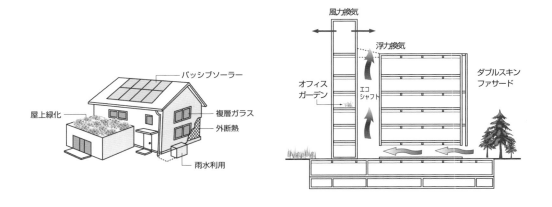

<＜建築の省エネルギーに関する用語＞

・省エネルギー建築　　　・サスティナブル建築　　　　　・建設サイクル
・自然エネルギー建築　　・ライフサイクルコスト（LCC）

　建築は環境に対する影響力がとても大きいため，建築を計画する時点で維持コストや環境負荷についても知らなければなりません。建築自体から排出される排熱，排水，廃棄物，CO_2などの環境負荷を把握し，なるべく少ないエネルギーで建物の運用を維持するように心掛けるためです。

　また建物自体の品質と性能の向上のために，**断熱の工夫や屋上緑化，雨水利用，太陽光利用**など**省エネルギー**に対する正しい知識が求められます。この分野はまだ新しく教材が多くありませんが，環境工学や建築設備の基礎知識をもとに常に新しい情報を得るように努力しなければなりません。

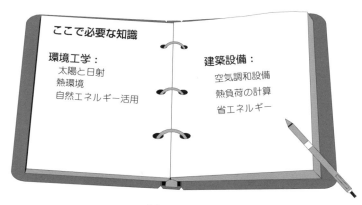

3-4 改修技術（リフォーム，耐震改修）

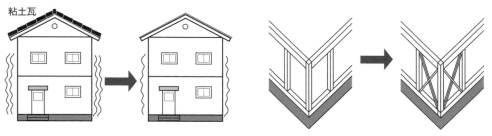

粘土瓦

「重い屋根」を「軽い屋根」へ葺き替え工事　　　　1階四隅（出隅部）への耐震要素の設置

＜改修に関する用語＞

・リフォーム　　　：居住中の住宅の改築や改装をすることをいう。

・リノベーション：既存の建物に大規模な改修工事を行い，用途や機能を変更して
　　　　　　　　　性能を向上させたり価値を高めたりすること。

・耐震診断　　　：既存の建築物の構造的強度を調べ，想定される地震に対する
　　　　　　　　　安全性や受ける被害の程度を判断する行為。

・改修設計　　　：建物調査診断により修繕すべきとされたものについて，どんな
　　　　　　　　　材料と工法でどのように修繕すべきか明らかにする行為。

　　建築用途や使用目的が建設時から変化したために行われるのが改修（リフォーム）です。リフォームには簡単な内装替えのレベルから，間取りや用途も変える大規模な修繕まで数多くあり，建築設備，建築法規の基本知識が必要となります。また，古い基準で作られた建築や建設後の劣化によって性能が低下した建物が大地震等の被害に遭わないために，耐震改修が公共建築や住宅を中心に盛んに行われています。この技術の基礎となるのが構造力学です。

ここで必要な知識

建築法規：
　集団規定（用途規制）
建築構造：
　RC造／鉄骨造／CB造
建築構造計算：
　各構造の構造計算

建築構造力学：
　構造計算を行う
　ための基礎知識
建築設備：
　給排水，
　空調（中央式）
　電気（受変電）

4. 建築生産のしくみ

4-1 建築生産に関わる職種

A 建築主

建築を企画し，発注する者です。官公庁・民間事業者・個人などがこれにあたります。建物の一生の最初から最後まで係わります。

B 設計監理者

建築主から依頼を受けて，設計図・仕様書などを作成し，監理を行います。本来であれば，建築主同様，建築の一生の最初から最後まで係わりますが，その係わり方は様々です。

C 元請施工会社（ゼネコン）

工事を一括して請け負って施工の管理に当たります。必要な材料の調達・専門工事会社への発注・建設機械の調達などを行い，工程・品質・安全・予算の管理を担当します。建築主同様，建物の一生の最初から最後まで係わることもあります。

D 専門工事会社（サブコン）

元請施工会社から，工事の一部を請け負って工事を進めます。設備工事・機械設置工事・サッシュメーカーなども含まれます。場合によっては元請会社よりも会社規模が大きいこともあります。大工・とび工・土工・左官工・鉄筋工など労務中心の工事業者も含まれます。（左表参照）

E 機械リース会社

工事現場で使用する機械は，元請施工会社が，保有している場合がありますが，リース会社が保有している機械を元請施工会社にリースすることが一般的です。

建設工事の種類

元請施工会社 （ゼネコン）		専門工事業者 （サブコン）				
土木一式工事	1	大工工事	10	鉄筋工事	19	熱絶縁工事
	2	左官工事	11	舗装工事	20	電気通信工事
	3	とび・土工・コンクリート工事	12	しゅんせつ工事	21	造園工事
	4	石工事	13	板金工事	22	さく井工事
	5	屋根工事	14	ガラス工事	23	建具工事
建築一式工事	6	電気工事	15	塗装工事	24	水道施設工事
	7	管工事	16	防水工事	25	消防施設工事
	8	タイル・煉瓦・ブロック工事	17	内装仕上工事	26	清掃施設工事
	9	鋼構造物工事	18	機械器具設置工事		

建設業許可の28業種

建設工事の種類は，建設業法上で，2つの一式工事と26種類の専門工事に応じた建設業の業種ごとに許可を受けることとされています。

4-2　建築の維持保全

　基本的には建物の所有者が建物の維持保全を行います。自社ビルなら内部組織に保全担当を設けて日常的なビル管理を行います。不動産会社が所有する賃貸ビルも同様です。

　但し，最近は効率的な経営を図るためのアウトソーシング（外部委託）が進んで，ビルメンテナンス会社にビル管理を依託することもあります。

　ビルに設置された受変電設備やボイラーのような危険物を扱う場合は，電気主任技術者やボイラー技師といった国家資格等を有する者を配置することが義務付けられています。

　建物の維持保全をすることにより，**イニシャルコスト**（建設費等の初期投資額）と**ランニングコスト**（維持管理費等）を合算した**ライフサイクルコスト**の軽減が図れます。

　限られた資源を有効に活用するために，「**スクラップ・アンド・ビルド**」から既存建物を長持ちさせる「**ストック重視**」に移行しています。

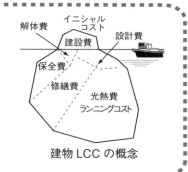

<**ライフサイクルコストとは？**>

　建物を企画・設計・建築し，その建物を維持管理して，最後に解体・破棄するまでの，建築の全生産に要する費用の総額を，建物のライフサイクルコスト(LCC)といいます。

　右図は建物を維持管理していくコストの方が建設コストよりはるかに大きいことを氷山をモデルに表しています。

建物 LCC の概念

4-3　建築の改良保全

　維持保全は，新築時の価値・機能，いわば初期機能を維持することを意味しますが，最近では「**耐震改修**」に代表されるような改良保全も盛んに行われるようになったきました。

　元々，古い耐震基準で設計・施工された建物を，現行基準に合わせるように耐震改修することにより，建物の寿命をさらに伸ばすことができます。

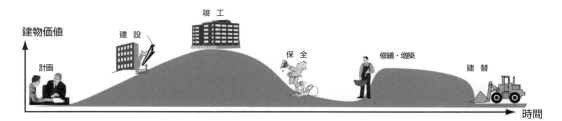

4-4 建築学生の就職先

　建築系の大学や専門学校を卒業した後，誰もが建築家になるわけではありません。むしろ，誰もが知っているような有名建築家になるのは，才能と運に恵まれたごく少数の人です。

　それでは，ほとんどの人が進む建築家以外の進路にはどのようなものがあるのでしょうか？ここでは代表的な３６の職種を紹介します。この他にも政治家という選択肢もあります。「政治家は，究極の建築家だ」という説もあるくらいですから。さて，皆さんはどの職種を目指しますか？

設計に係わる職種　　　　　　　　　●主な就職先　■必要な資質

- **建築家**
  - ●アトリエ系設計事務所　■デザイン能力，有力なコネ
- **建築士**
  - ●ゼネコン，組織設計事務所　■デザイン能力，バランス感覚
- **構造設計者**
  - ●ゼネコン，組織設計事務所　■力学のセンス，判断力
- **設備設計者**
  - ●ゼネコン，組織設計事務所　■設備技術に対する知識，デザインへの理解力
- **ランドスケープデザイナー**
  - ●ゼネコン，アトリエ系設計事務所，組織設計事務所　■造形力，デザイン力
- **照明デザイナー**
  - ●照明デザイン事務所，照明器具メーカー　■照明技術に対する理解力
- **音響設計者**
  - ●音響設計コンサルタント会社，音響メーカー　■音響技術に対する理解力
- **内装設計者**
  - ●内装設計事務所，内装施工会社　■デザイン能力
- **インテリアデザイナー**
  - ●インテリアデザイン事務所　■デザイン能力
- **キッチンデザイナー**
  - ●キッチンメーカー，インテリアデザイン事務所
  - ■新しい機器情報を取り入れる知識欲
- **保存・修復建築家**
  - ●文化庁，地方自治体　■研究意欲，デザイン能力

サポートする職種

- **都市計画者**
  - ●国土交通省，地方自治体，ゼネコン，不動産会社
  - ■都市計画に関する興味，調整能力
- **不動産ディベロッパー**
  - ●不動産会社　■新しい発想，行動力
- **不動産投資運用者**
  - ●不動産会社，銀行，保険会社
  - ■建築・金融・経済の幅広い知識
- **ファシリティマネージャー**
  - ●不動産管理会社
  - ■不動産，建築，インテリア，設備，経営の幅広い知識
- **イベント，空間プロデューサー**
  - ●広告会社　■幅広い知識，総合判断力
- **福祉住環境コーディネーター**
  - ●老人福祉施設，設計事務所
  - ■幅広い知識，総合判断力

企画に係わる職種

- **研究者**
  - ●大学，行政関係の研究所
  - ■旺盛な研究心
- **教員**
  - ●工業高校　■教育に関する向上心
- **学芸員**
  - ●博物館，美術館　■探究心，忍耐力
- **評論家**
  - ●特になし　■文章力
- **新聞記者**
  - ●新聞社　■文章力，忍耐力
- **編集者**
  - ●出版社　■発想力，忍耐力

施工に係わる職種

- **建築現場監督：**
  - ●ゼネコン，ハウスメーカー
  - ■総合判断力
- **大工**
  - ●工務店
  - ■大工技術に関する探究心・向上心
- **造園職人**
  - ●造園会社
  - ■デザイン能力，造園に関する知識を持っている
- **家具職人**
  - ●家具メーカー，アトリエ系の工房
  - ■デザイン能力

研究・教育・文化に係わる職種

- **CADオペレーター**
  - ●ゼネコン，設計事務所
  - ■繊細さ，真面目さ，几帳面さ
- **CG製作者**
  - ●設計事務所，広告代理店
  - ■忍耐力，体力
- **ソフトウェア開発者**
  - ●ソフトウェア会社
  - ■語学力，忍耐力
- **積算・見積**
  - ●ゼネコン，設計事務所
  - ■責任感，緻密さ
- **地盤調査員**
  - ●地盤調査会社　■向学心
- **建築模型制作者**
  - ●模型製作会社　■几帳面さ，センス
- **建築写真家**
  - ●建築専門出版社　■技術力，忍耐力
- **建築確認検査員**
  - ●確認検査機関　■実務経験
- **測量士**
  - ●測量会社　■専門知識，実務経験

5. 各教科の特徴と勉強の仕方

5-1 建築計画

5-1-1 建築設計製図

A 建築設計製図とは

　　設計製図は，各科目で学んだ基礎的な知識を統合化し，建築の設計を行う
ものです。

　　建物の設計を行うには，どんなに図面をきれいに描く技術があっても，計
画や，構造，法規，材料，設備などの知識がなければ1本の線も描くことが
できません。

　　また，設計内容を伝えるための技術として，思考過程の整理や伝達のための**エ
スキース**（スケッチ），製図や**パース**（透視図），模型，あるいはこれらをまとめて
伝えるための**プレゼンテーション**技術も重要となります。

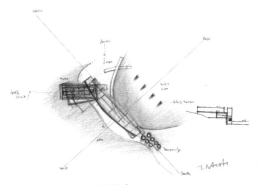

エスキース

スケッチともいい，計画の初期段階でアイデアなどの思考過
程で用いる作図をいいます。建築では主に平面計画を行いま
すが，必要に応じて，立面，断面，納まりなどを描いていきます。

パース

透視図ともいい，建築などを分かりやすく立体的に見せる
もので，遠近法の技法で描かれた図や絵のことです。

＜設計製図の学習はこのように進められます＞

・**製図の基礎**　　　製図の用具と使い方
　　　　　　　　　　製図のルール
　　　　　　　　　　線の引き方，文字の書き方
・**課題1**　　　　　木造住宅の製図
　　　　　　　　　　平面図・立面図・断面図・矩計図・構造伏図など
・**課題2**　　　　　非木造建物の平面図・立面図・断面図・矩計図・構造図など
　　　　　　　　　　（建物用途は併用住宅，事務所，集会場など）

・**卒業設計（卒業制作）**

＊課題1，2は「トレース」と「自由な設計」を組み合せながら実施され，さらに課題3，4・・・と
　いくつかの課題が実施されます。
＊手描きの製図と並行して，別のカリキュラムのCADの学習も行われ，途中からは全面的にCADによる
　作図に移行する場合もあります。
＊別のカリキュラムで学ぶ，パース，CG，プレゼン技術，模型なども成果物に反映されます。

B 学習のポイント

設計製図は他の科目とのつながりが深いため，設計製図だけを一生懸命頑張っても成果が出ません。各科目の総合力が試されますから，構造や法規，計画，設備などの知識をしっかり学習する必要があります。

図面や模型などの技術の習得は，短時間で大きな成果が出るとは限りません。また，人によって習熟度もまちまちです。すぐに成果が出ないからといって，あきらめず，じっくりと地道に努力すれば必ず成果はついてきます。

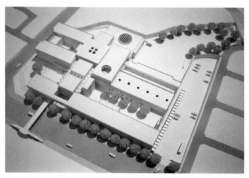

模 型

模型は一目でその建物の様子がわかる強力なツールです。模型製作作業は誰もが通る道です。

プレゼンテーション

略して，プレゼンあるいはプレゼなどともいいます。作品，計画，研究成果などの情報を発表し分かりやすく伝達することです。建築学生の場合は，設計製図の作品などを発表する機会があります。

トピックス

CAD製図とは？

最近では，実務的にはコンピュータによる作図（CAD）が一般的で，手描きの作図は少なくなっており，CADを習得するためにコンピュータの学習も必須となっています。

また，手描きのパース（透視図）に代わり**CG**も普及し，併せて学ぶ必要があります。

CAD製図の学習内容は，手描きの場合とおなじで，線の引き方や文字の記入の仕方から始まり，簡単な図面のトレース，自由設計の作図へと進んでいきます。

CAD：Computer Aided Design
コンピュータ支援による設計と訳され，コンピュータを使い図面を描くことを指します。

CG：Computer Graphics
コンピュータを使い画像を作成することで，建築では，手描きのパースに代わって，設計段階での確認から最終的なレンダリングまで利用されています。

5-1-2　建築計画

A 建築計画とは

　いま，私たちが学ぼうとしている建築は，神様のための神殿や権力者のための宮殿などではありません。普通の人々のための住まいや建物です。人々のための建築を考える上で必要な知識が「**建築計画**」なのです。つまり人々，住まい手，利用者の論理といえます。

　建築計画は，日本の戦後の復興，民主化を背景に，人々のための住まいや施設が必要となりそのより所となりました。そのような状況から建築計画は日本で独自に発達した分野といえます。

　建築計画がないと，どのような困ることが起きるでしょうか。

　人々が単に死なないで生きることができる場所があっても十分ではありません。人々が人間らしく自分らしく居ることができる居場所でなければなりません。そのためにどうしたらよいかを考えることが必要となります。

　建築空間の平面（間取り）構成，空間のかたちや大きさによって，そこでできる行動，生活，心理的な感覚が変わってきます。建築空間のデザインによって新たな生活を提案できるともいえます。そのようにして，いままで新しい住宅，学校，図書館，劇場，病院，，福祉施設，高齢者施設などのさまざまな建築空間を提案してきたのです。

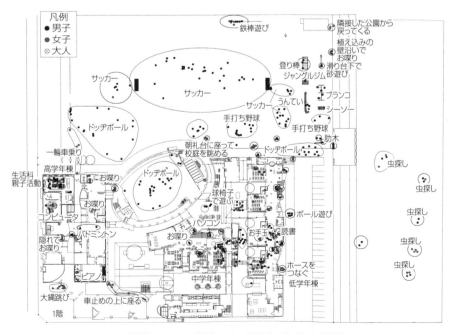

小学校における児童の行動調査（打瀬小学校）

「建築計画」（市ヶ谷出版社版より引用）

B 学習内容

　建築計画の基本は，人々と建築空間の関係を理解することです。建築空間における人々の行動，空間の使われ方を知ることです。

　そのため建築空間が実際にどのように使われているか，人々がどのように住んでいるか，行動しているか調べます。これを住み方調査，使われ方調査などといいます。

　建築計画は，決まった分け方があるわけではありませんが，住宅や各種建物種別ごとの計画論と基礎的な原論に分けられます。

　人間の生活を考えると，誰もが体験し，最も多くの時間を過ごすのが住宅でしょう。建築計画のなかで，住宅は集合住宅も含めて大きなテーマとなります。

　住宅以外の各種建物では，学校，図書館，集会施設，劇場，病院，福祉施設，高齢者施設などがあります。これらも使われ方調査を中心とした研究蓄積があり，それぞれの建築論となっています。

　住宅も各種建物も時代の流れとともに要請されるものが変わってきますので，常にアップデートが必要な分野といえます。近年では高齢者，障害者が重要なテーマとなっています。

公営住宅1947，
1948年度標準設計

公営住宅1951年度
標準設計

公団住宅1955年度
標準設計

C 学習のポイント

　建築計画は，社会が建築に求めるものを実現するための理論といえます。ですから時代とともに変わるべきものです。社会・時代が何を求めているかについて敏感である必要があります。

　建築計画の基本は，「人間」という原点から建築を見つめ直すことでしょう。主役は人間で，真に人々にとって自分らしく居られる場所としての建築を実現するための建築計画であることが求められます。

5-2　建築構造

A 建築一般構造とは

　　一般構造とは，建築の仕組みの概念を把握するための学問です。架構原理，構造形式，構造方法，荷重・外力，設計法などについて学びます。

B 学習のポイント

＜構造形式＞

　　単純梁構造・ラーメン構造・トラス構造などの構造形式とその違いを学びます。さらに，壁構造・アーチ構造・シェル構造などについても概要を学びます。

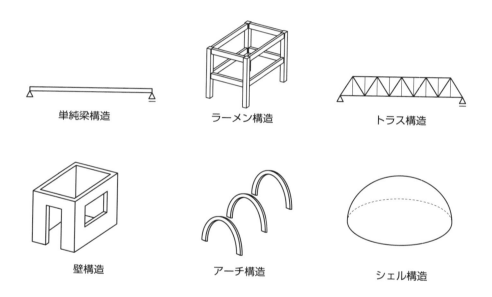

単純梁構造　　　　ラーメン構造　　　　トラス構造

壁構造　　　　　　アーチ構造　　　　　シェル構造

＜構造方法＞

　　木造・鉄骨造・鉄筋コンクリート造などの特徴を学びます。

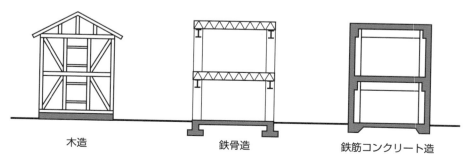

木造　　　　　　　鉄骨造　　　　　鉄筋コンクリート造

<荷重・外力>
　固定荷重・積載荷重・積雪荷重・風圧力・地震力・土水圧などについて学びます。

・固定荷重
　構造物における骨組みや間仕切壁などの自重。
・積載荷重
　建物の床に載る荷重。
・積雪荷重
　積雪によって屋根に加わる荷重。
・風圧力
　風によって主に水平方向に加わる力。構造物の表面積が大きいほど大きくなります。
・地震力
　地震によって，おもに水平方向に加わる力

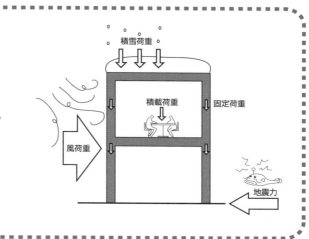

　一般構造は，構造力学のように，複雑な計算はなく，一般論として構造を概観するものであり，計算が苦手な者にもわかりやすい内容です。構造・構法の世界の楽しさを実感し，建築の全体像を修得します。

トピックス

<新しい構造技術>
　より広く，より高くは，常に人類の夢でありました。最近では，新しい材料を使用して，その夢を実現している例が多くあります。
ここでは，その一例と「膜構造」・「免震構造」・「制振（震）構造」を紹介します。

膜構造
膜を引張材として用い，その他の圧縮材を組み合わせる構造です。柱のない大空間を実現できます。

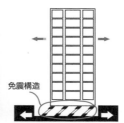

免震構造
アイソレーターとダンパーの組み合わせによる構造です。アイソレーターが地震力を低減し，ダンパーが変位を制御します。

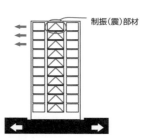

制振（震）構造
地震力によるエネルギーを制振（震）部材により吸収する構造です。高層建築だけでなく，戸建て住宅でも用いられます。

A 建築構造力学とは

　構造力学とは，構造物が荷重を受けたときに生じる応力や変形などを解析するための力学です。

　対象とする構造物は，力のつり合いを考えるだけで解ける**静定構造物**，力と変形の適合性などを考えて複雑な式を展開することにより解くことができる**不静定構造物**です。もっと複雑な構造物（シェル構造・吊り構造など）は大学院などで学ぶようになります。

静定構造物

橋に代表される単純梁など力のつり合いだけで反力や応力が解ける構造物。

不静定構造物

ビル建物のように、多層多スパンラーメンなど。力と変形の適合条件により，反力や応力を導き出す構造物。

代々木体育館

1964年の東京オリンピック時に建設されました。設計は丹下健三，構造は坪井善勝。坪井善勝はシェル構造の第一人者といわれています。第一体育館・第二体育館とも，吊り構造の技術を用いており，内部に柱を持たない建物です。戦後日本を代表する名建築として評価されています。

B 学習のポイント

　初歩的な構造力学から高度な構造力学までを段階的に学びます。初歩的な構造力学は，必修科目に，不静定構造物の応力と変形などは，選択科目となっています。

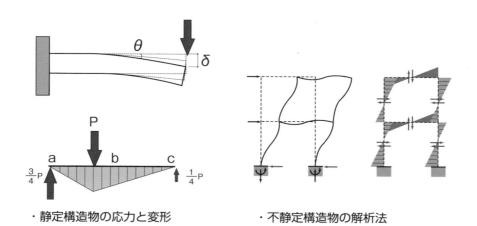

・静定構造物の応力と変形　　　・不静定構造物の解析法

　初期で学ぶ分野は，建築士試験の範囲でもありますので，建築を目指す者として必須な素養と言えるでしょう。建築現場においても必要となります。

　最近は，構造力学の素養がなくても，パソコンなどで簡単に解くことができるプログラムもありますが，基本的なことはきちんと理解しておくことが大切です。

> **トピックス**
>
> ### ＜コンピュータによる構造計算＞
>
> 　長い間，建築構造の数値解析は，構造物をモデル化して行ってきました。1980年代では，手計算により応力解析することも珍しくありませんでした。1990年代に入り，コンピューターの発達により，パソコンでも，構造解析を行うことが可能になってきました。
>
> 　最近ではコンピューターの発達により，構造物をモデル化しないで，地盤を含んでありのままで解析ができるようにもなってきました。
>
> 　しかし，コンピューターあるいは計算プログラムは，便利な道具ですが，絶対的なものではないことを，常に意識して使うことが大切です。

5-3　建築設備

5-3-1　建築環境工学

A 建築環境工学とは

　　建築環境工学は，室内環境の快適性を高めるために建築計画に裏付けを与え，建築設備工学の基礎となる科目です。

　　特に，最近は地球環境保全の面で省エネルギーへの関心が高く，計画初期段階から建築環境工学を意識した建築設計が必要となってきています。

　　我々がものを目で見て，耳で聞いて，肌に触れて感じとるように，建築環境は多くの要素から成り立っています。建築環境工学では，このように味覚を除いた人間の五感と建築の関係を体系的に捉えるものであるため，光・熱・空気・音環境などの多くの分野を取り扱う必要があり，以下のような内容について学習します。

＜建築環境工学の主な学習内容＞

- ・日照・日射環境　　太陽の位置，日照の検討方法，日射量
- ・光環境　　　　　　測光量，採光計画，人工照明の特性
- ・色彩環境　　　　　色彩の表し方，色彩計画
- ・空気環境　　　　　必要換気量，自然換気量計算，機械換気計画
- ・熱環境　　　　　　熱貫流，日射熱取得，建物の熱特性
- ・湿気環境　　　　　湿気の表し方，結露の防止
- ・温熱環境　　　　　温熱環境六要素，温熱感覚指標
- ・都市・地球環境　　外界気象，ヒートアイランド，地球環境問題
- ・音環境　　　　　　騒音評価，遮音，音響計画

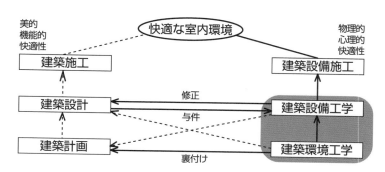

建築環境工学と建築計画の関係

＜省エネルギー＞

　　地球温暖化の原因は，化石燃料の消費による大気中の二酸化炭素濃度上昇とされています。灯油やガスの消費だけでなく，電気も発電の過程で化石燃料を消費するので，地球温暖化の抑制には省エネルギーが重要なテーマとなっています。

B 学習のポイント

　建築環境工学には分野ごとに原理や公式など，その分野を学ぶ上で核となる要素があります。これらをしっかりと身につけることが，問題を解決する能力や建築計画への応用力を養う上で大切です。

　下の図は**温度差換気，内部結露**の原理を示すものですが，分かりやすい説明図などを自分なりに工夫して創ってみることも有効でしょう。核となる要素の数はそれほど多くはありません。覚えるのではなく理解することに努めましょう。

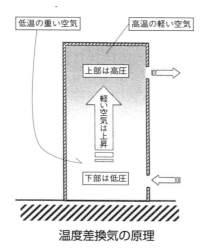

温度差換気の原理

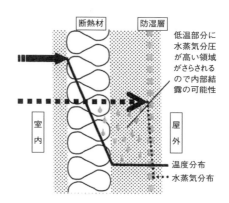

内部結露発生のメカニズム

トピックス

建築環境工学の知識を活かした設計とは？

　建築光環境における重要な要素に立体角投射率があり，これを大きくすることが採光性能の向上に有効です。同じ大きさの窓でも，天井面や壁の高所に取付けた方が有利となります。図の住宅はこの点を考慮し，明るい室内を実現しています。

＊立体角投射率：採光による室内照度の外部照度（全天空照度）に対する比（昼光率）の近似値。室の高所に窓を設けると立体角投射率は大きくなる。

5-3-2 建築設備

A 建築設備と設備設計とは

　建物を自動車に例えれば，建築のデザインは自動車のフォルム（形状）をデザインする分野，建築の構造は安全で頑丈なボディを造る分野に相当します。同じように**建築設備**は，低燃費で最速のエンジンを開発し，運転席を乗り心地のよい快適な空間にするための技術を担う分野といえます。建物は，建築のデザイン，建築構造，建築設備を一緒に考え，互いの技術を調和させて計画・設計，施工し，運用することが大切です。

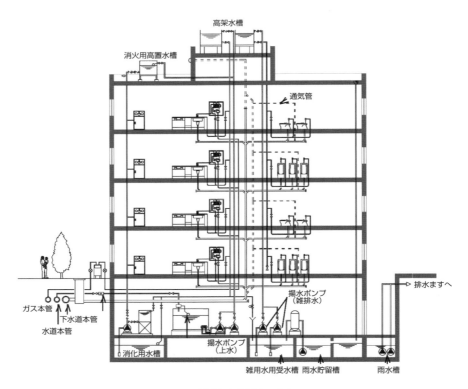

高架水槽

消火用高置水槽

通気管

揚水ポンプ
（雑排水）

排水ますへ

ガス本管
下水道本管
水道本管

消化用水槽

揚水ポンプ
（上水）

雑用水用受水槽　雨水貯留槽　雨水槽

給排水設備の例

「初学者の建築講座　建築設備」より引用

　建築設備には，水道管から水を引き込み，家庭のトイレなどへ供給し，使用後に排水を下水道まで導く「**給排水衛生設備**」，部屋の冷暖房を行うエアコンや，台所・浴室の換気を行うための「**空気調和設備**」，電力会社から供給される電気を電柱から引き込み，照明やコンセントへ導く「**電気設備**」の3つがあります。これらの設備の設計には，空間との調和や設備そのものの使い勝手の良さが求められます。また，最近は，地球温暖化問題への対策として，二酸化炭素の排出量を抑え，省エネルギーで快適な建物や都市を創り出すための役割も担っています。

B 学習のポイント

1. 建築設備の主要な３つは，さらに次のように分けられます。

① 給排水衛生設備の基礎：
- 給水設備（水道管→給水管→給水ポンプ→水槽など）
- 給湯・ガス設備（ガス管→給湯機（ボイラ）→給湯管→浴槽）
- 衛生器具設備（トイレ，台所流し，洗面器など）
- 排水設備（排水管→下水道管）

② 空気調和設備の基礎：
- 熱源設備（温水を作るボイラ・冷凍機など）
- 空気調和機（空気の加熱や加湿）
- 熱搬送機器（送風機や空気を送るダクトなど）

③ 電気設備の基礎：
- 受電設備（電柱からの電圧を変電）
- 照明やコンセント設備
- 情報通信設備（インターホン，アンテナ）
- 防犯・防火設備（火災報知，防犯，避雷針など）

*①〜③を理解する上で建物内での熱，空気，音，光などの原理や現象を扱う
「建築環境工学」とは深く関連しますので，それもあわせて学びましょう。

「建築環境工学」と関連します　熱・空気・音・光の環境要素は、

2. 応用編：建築設備の設計方法を学ぶ。

① 給水ポンプや給水管や排水管の設計などの方法。
② 室内を冷房や暖房するために必要となるエネルギー量を計算し，空気を送る送風機やダクトの設計などの方法。
③ 室内照明や電気の配線の設計などの方法。

3. 発展編：設備の最新技術を学ぶ

設備の環境共生技術を活用し，地球環境に配慮した建築を設計する。

- 雨水利用と節水型便器を活用して節水化を実現。
- 地中熱を冷房や暖房用のエネルギーに活用。
- 太陽の日射熱が室内に入るのを空気層と換気を使って除去。

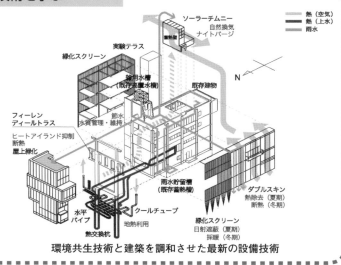

環境共生技術と建築を調和させた最新の設備技術

5-4 建築生産

A 建築生産とは

　今まで説明してきた教科の特徴は，概ねものに則した内容だったと思いますが，「**建築生産**」は，ものに関連するひとを中心に考えている教科といっても差し支えありません。ここでいうひととは，建築をつくる人だけでなく，使う人も含まれます。

　建築は誰かの要求によって，そのプロジェクトが進行します。つまり，建築をつくりたい人が必ず存在します。その人のことを**施主**，あるいは**注文主**，あるいは**発注者**と呼びます。その人々の発意によって建築は実践されていきます。

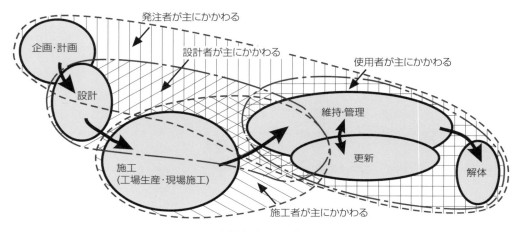

建築生産のしくみ

「初学者の建築講座　建築施工（改訂版）」より引用

※建築生産は，狭義の意味では「建築施工」にあたるため，「建築施工」という教科で学習することもあります。

（建築生産の基礎知識）

(1)企画・設計に関わる人

　まず，つくりたいものを形にしてくれる**設計者**を選びます。つくりたいものが漠然として決めかねている場合などは，設計者の他にコンサルタントに頼む必要があるかもしれません。さらに，大きな地域全体を対象にする場合と一つの建物を対象にする場合では，依頼する設計者も当然異なってきます。設計者と一口に言っても構造が得意な人もいればデザイン専門の人もいるでしょう。これら多くの設計者がどのようなチームを組んで設計を行うのか，目的とする建築によって大きく変わってきます。

(2) 施工に関わる人

　描かれた設計図を実物にしていく，いわゆる**施工**という行為が必要です。例えば戸建ての住宅でも，約30種類の業種が必要だと言われています。単純に考えれば最低30人，1つの業種で複数の人が必要なものもあるでしょうから50人程度の人間が必要となります。また，住宅のような小さい建物だけでなく，超高層ビルなど規模の大きな建物もあります。大工さんだけでなく，壁や屋根を専門につくる人もいれば，その職人さんたちに仕事内容を指揮する監督のような人も存在します。建築施工では，建築に見合った施工の組織，さらには合理的なつくり方などの施工方法についても学びます。

建物はさまざまな職種の人々が携わりできあがる

(3) 建築を構成する材料とそれらを組み立てる技術

　どんな材料でつくるのか，建築は様々な材料でつくられており，材料の種類によっては外力に対して強いもの，仕上げとして美しいものなど様々な特徴を生み出します。さらに，それらすべてがお金に関係していることも重要な点です。よって，建築を学ぶ人は，材料の種類と特性，さらにそれにかかる費用について勉強をしなければなりません。これらを総称して**建築材料学**といいます。

　材料を組み立てることによって建築はつくられるわけですが，このことは建築施工という分野で学びます。どんな人に，どんな技術でつくってもらうのか，建築はたくさんの材料，たくさんの人々によってできあがります。

B 学習のポイント

　当たり前と思われる建築がつくられていく状況について，どんな材料でどうやってつくるのか，関与する人々がどのようであるか，ものとひとを結びつけるデザインこそが建築生産系の教科の内容と言っても過言ではありません。そのため建築の他の分野はもちろん，社会科学の分野にも興味を持っておく必要があります。

6. 建築系の資格の情報

6-1　建築系の資格

建築系の資格には「**国家資格**」「**公的資格**」「**民間資格**」があります。
「国家資格」は国の法律に基づいて，各種分野における個人の能力，知識が判定され，特定の職業に従事すると証明される資格です。
「公的資格」は文部科学省・経済産業省などの省庁や大臣などが認定する国家資格に準ずる資格です。
「民間資格」は，人々の生活を豊かにする職業に独自の審査基準を設けて，民間団体や企業が任意で認定する資格です。

それぞれの資格には「受験資格（学歴や職業経験など）」「試験内容（学科や実技）」があります。次項目（6-3）の問い合わせ先を参照してください。

(1)「**国家資格**」関連する法律と主な資格（ __：関連する法律， __：主な資格）
　　建築士法
　　・建築士：一級建築士 / 二級建築士 / 木造建築士（試験情報は 6-2）
　　・建築設備士
　　建設業法
　　・施工管理技士：建築施工管理技士 / 管工事施工管理技士
　　　　　　　　　　施工管理技士には他に土木 / 造園 / 電気工事 / 建設機械 /
　　　　　　　　　　電気通信がある。
　　建築物における衛生環境の確保に関する法律
　　・建築物環境衛生管理技術者（ビル管理士）
　　建築基準法
　　・建築基準適合判定資格者
　　労働安全衛生法
　　木造建築物の組立て等作業主任者 / 建築物等の鉄骨の組立て等作業主任者，
　　職業能力開発促進法
　　・技能士：建築大工技能士 / 建築板金技能士 /; 枠組壁建築技能士 /
　　　　　　　　ブロック建築技能士 / 家具製作技能士
　　宅地建物取引業法
　　・宅地建物取引士
　　不動産の鑑定評価に関する法律
　　・不動産鑑定士

水道法（給水装置工事主任技術者），土地家屋調査士法（土地家屋調査士），
消防法（消防設備士／消防設備点検資格者）測量法（測量士／測量士補），
技術士法（技術士）などの建築に関連する国家資格があります。

(2)「公的資格」
　　（　）内は実施する民間団体・公益法人です。認定は省庁や大臣が行います。
　　建設業経理検定（建設業振興基金）／計装士（日本計装工業会）／
　　応急危険度判定士（都道府県知事）／下水道技術検定（日本下水道事業団）／
　　下水道管理技術認定試験（日本下水道事業団）／
　　防火・防災管理教育担当（地方公共団体）／防火管理技能者（東京都）／
　　／防火安全技術者（東京都）／基礎施工士（日本基礎建設協会）
　　／自家用発電設備専門技術者（日本内燃力発電設備協会）
　　／地すべり防止工事士（斜面防災対策技術協会）

(3)「民間資格」
　　（　）内は独自の基準で任意認定を実施する民間団体・企業名です。
　・福祉住環境コーディネーター（東京商工会議所）
　　　＊医療と建築の両面から，高齢者や障害者に住みよい住環境を提案します。
　・インテリアコーディネーター（インテリア産業協会）
　　　＊インテリア商品情報に通じた住まいのインテリアデザイナー。
　・インテリアプランナー（建築技術教育普及センター）
　　　＊商業や公的施設のインテリア設計（内装・照明器具・家具等）をします。
　・建築積算士（日本建築積算協会）
　　　＊適正な費用見積で顧客との仕事の効率化を促します。
　・キッチンスペシャリスト（インテリア産業協会）
　　　＊キッチン空間に，顧客の希望を構成や仕様に反映させるプランナー
　・商業施設士（商業施設技術団体連合会）
　　　＊商業施設の運営管理システムや店舗を計画監理します。

その他の建築に関する主な資格

・色彩検定（色彩検定協会）/ ・カラーコーディネーター検定試験（東京商工会議所）/ ・登録建築家（日本建築家協会）/ ・建築コスト管理士（日本建築積算協会）/ ・リビングスタイリスト（日本ラフスタイル協会）/ ・リフォームスタイリスト（日本ラフスタイル協会）/ ・住宅断熱施工技術者（住宅・建築 SDGS 推進センター）/ ・建築コンクリートブロック工事士（日本エクステリア建設業協会）/ ・シックハウス診断士（シックハウス診断士協会）/ ・CAD 利用技術者試験（コンピュータ教育振興協会）/ ・建築 CAD デザイナー資格認定試験（全国建築 CAD 連盟）/ ・建築 CAD 検定試験（全国建築 CAD 連盟）/ ・建築検定（東京構造設計事務所協会）/ ・照明コンサルタント（照明学会）等

6-2　建築士試験情報

A 建築士の受験資格

・**一級建築士**（建築士法第 14 条）により「建築に関する学歴又は資格等」が受験資格の条件となります。

1，大学，高等専門学校（旧制大学を含む）において，指定科目を修めて卒業した者

2，二級建築士

3，国土交通大臣が上記の者と同等以上の知識及び技能を有すると認める者（建築設備士を含み，詳細は国土交通省告示第 752 号）

・**二級建築士・木造建築士**（建築士法第 15 条）

1，大学（短期大学を含む），高等専門学校，高等学校において，指定科目を修めて卒業した者

2，その他都道府県知事が特に認める者

3，建築実務の経験を 7 年以上有する者

上記の受験資格を有する受験生が試験合格後に実務経験を確認して、免許登録（建築士）となります。

＊詳細は「6-3 建築系資格に関する情報」の公益財団法人　建築技術教育普及センターへ問合せ下さい。

B 一級建築士試験

［試験科目］

　試験は学科試験と設計製図試験の2つからなり，学科試験に合格したものが設計製図試験を受験できます。学科試験に合格した場合，同じ年の設計製図試験に不合格であった場合は，引き続いて行われる次の2回に限り学科試験が免除されます。

・学科試験（6時間30分）　4枝択一式

　Ⅰ　計画（建築計画，建築積算等）・・・・・・・・・・・20問　＞2時間
　Ⅱ　環境・設備・・・・・・・・・・・・・・・・・・・・20問
　　　（環境工学，建築設備（設備機器の概要を含む）等）
　Ⅲ　法規（建築法規等）・・・・・・・・・・・・・・・・30問 －1時間45分
　Ⅳ　構造（構造力学，建築一般構造，建築材料等）・・・30問　＞2時間45分
　Ⅴ　施工（建築施工等）・・・・・・・・・・・・・・・・25問

・設計製図試験（6時間30分）

　例年あらかじめその年の課題のテーマが7月に発表されます。試験当日に具体的に課題条件が示され，6時間30分でA2サイズ1枚の用紙に手描きで製図しなければなりません。

C 二級建築士試験・木造建築士試験

［試験科目］

　試験は学科試験と設計製図試験の2つからなり，学科試験に合格したものが設計製図試験を受験できます。学科試験に合格した場合，同じ年の設計製図試験に不合格であった場合は，翌年・翌々年に限り学科試験が免除されます。

・学科試験（6時間）　5枝択一式

　Ⅰ　建築計画・・・・・・・・・・・・・・・・・・・・・25問　＞3時間
　Ⅱ　建築法規・・・・・・・・・・・・・・・・・・・・・25問
　Ⅲ　建築構造・・・・・・・・・・・・・・・・・・・・・25問　＞3時間
　Ⅳ　建築施工・・・・・・・・・・・・・・・・・・・・・25問

・設計製図試験（5時間）

　例年あらかじめその年の課題のテーマが6月に発表され，試験当日に具体的に課題条件が示され，5時間でA2サイズ1枚の用紙に手描きで製図しなければなりません。

6-3 建築系資格に関する情報

資格と問い合わせ先 （◎: 資格, ○: 問い合わせ先）

◎建築士（一級建築士，二級建築士，木造建築士）
建築設備士，インテリアプランナー
○公益財団法人　建築技術教育普及センター

◎建築施工管理技士，電気工事施工管理技士
○一般財団法人 建築業振興基金

◎管工事施工管理技士，土木施工管理技士，電気通信工事施工
　管理技士，造園施工管理技士，土地区画整理士，
○一般財団法人 全国建設研修センター

◎建築物環境衛生管理技術者
○公益財団法人 日本建築衛生管理教育センター

◎建築基準適合判定資格者，不動産鑑定士
○国土交通省　〒100-8918 東京都千代田区霞が関 2-1-3
　（代表電話 03-5253-8111）

◎建築大工技能士，その他の技能士
○中央職業能力開発協会（JAVADA）

◎宅地建物取引士（宅建）
○一般財団法人 不動産適正取引推進機構

◎福祉住環境コーディネーター，カラーコーディネーター
○東京商工会議所

◎インテリアコーディネーター，キッチンスペシャリスト
○インテリア産業協会

◎建築積算士
○公益社団法人　日本積算協会

◎商業施設士
○公益社団法人 商業施設技術団体連合会

7. 建築系学生に役立つ情報

◎　KENCHIKIU
　※コンペ・イベントなどの情報が掲載。

◎　登竜門
　※各種のコンテストの情報を掲載。

◎　architecturephoto
　※建築に関する情報誌的サイト

◎　Domus
　※有名なイタリアの建築雑誌のサイト。

◎　Architizer
　※英語のサイト　建築全般の動向がわかるサイト。

◎　Arch Daily
　※英語のサイト　掲載建築の記事も読みやすい。

◎　Archello
　※英語のサイト　住宅規模のものが掲載されている。

索　引

［監修］　大野　隆司（東京工芸大学　故人）

［執筆］　永井　孝保（1級建築士事務所　オメガ）

　　　　　鈴木　信弘（神奈川大学　教授）

　　　　　宮下　真一（東急建設）

　　　　　西出　和彦（東京大学　故人）

　　　　　倉渕　隆　（東京理科大学　教授）

　　　　　大塚　雅之（関東学院大学　教授）

　　　　　角田　誠　（東京都立大学　教授）

［協力］　写真・スケッチ提供　　隈研吾建築都市設計事務所

建築ガイダンス（初めて建築を学ぶ人のために）

2011年 3 月 8 日　　初　版　印　刷
2024年 2 月28日　　初　版　第13刷

発 行 者　　澤崎　明治

　　　　　（企画・編修　澤崎　明治）（装丁・デザイン　鈴木　薫）
　　　　　（イラスト原画　鈴木　洋子）（印刷・製本　大日本法令印刷）
　　　　　（イラスト　　山科　潤）

発 行 所　　株式会社　市ヶ谷出版社
　　　　　東京都千代田区五番町5（〒102-0076）
　　　　　電話　03-3265-3711（代）
　　　　　FAX　03-3265-4008
　　　　　http://www.ichigayashuppan.co.jp

　Ⓒ2011　　ISBN978-4-87071-500-4

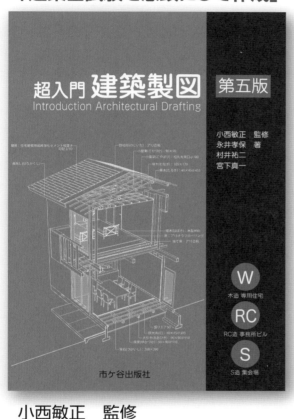